W0063065

Smoothie-Bowls

Christina Wiedemann veröffentlichte erfolgreich mehrere Bücher im Bereich Ernährung und Gesundheit. Ihre Liebe zum Thema bringt sie auch auf ihrem Blog www.mehrlebensqualitaet. com zum Ausdruck. Sie studierte an der TU München-Weihenstephan Ökotrophologie und ist zertifizierte Yoga-Lehrerin.

Wichtiger Hinweis:
Alle Angaben, Ratschläge und Tipps in diesem Buch wurden nach dem aktuellen Wissensstand sorgfältig erarbeitet. Dennoch erfolgen alle Angaben ohne Gewähr. Verlag und Autoren haften nicht für eventuelle Nachteile und Schäden, die aus den im Buch gemachten praktischen Hinweisen resultieren. Die in diesem Buch enthaltenen Ratschläge ersetzen nicht die Untersuchung und Betreuung durch einen Arzt.

Christina Wiedemann

SMOOTHIE BOWLS

Das Rezeptbuch

Inhalt

Einleitung

Smoothie-Bowls
– das gesunde Frühstück aus der Müslischale zum Löffeln

Smoothie-Bowls erobern derzeit die Frühstückstische und bereichern bald sicher auch Ihre morgendliche Mahlzeit. Bei diesem neuesten Food-Trend handelt es sich, wie der Name schon verrät, schlichtweg um einen Smoothie, der allerdings nicht aus dem Glas getrunken, sondern in einer Schale – der Bowl – serviert wird. Der Smoothie zum Löffeln ist nicht ohne Grund auf Eroberungszug, denn auf dem Smoothie in der Müslischale ist noch genug Platz für weitere gesunde Lieblinge – den Toppings wie Früchte, Nüsse, Samen, Knuspermüsli und Superfoods. So punktet die Smoothie-Bowl nicht nur optisch, sondern auch mit ihren gesunden Inhaltsstoffen.

Die Grundlage für die Bowls kann Obst ebenso wie Gemüse oder Pflanzengrün sein. Wichtig ist, dass der Smoothie dickflüssig wird, sodass Sie ihn löffeln können. Nach Herzenslust können Sie den Smoothie noch mit Mandel- oder Kokosmilch, Sojajoghurt oder Griechischem Joghurt, aber auch Nüssen oder Haferflocken anreichern – erlaubt ist, was schmeckt. Und auch bei den Toppings können Sie Ihrer Fantasie freien Lauf lassen. Bestreuen Sie Ihre Smoothie-Bowl mit Kokosflocken, Hanf- oder Chiasamen! Auch Amaranth- oder

Quinoa-Pops, getrocknete Früchte oder Gojibeeren machen sich dort hervorragend. Die aromatischen Extrazutaten und die dickflüssige Konsistenz des Smoothies fördern gründliches Kauen und sorgen so für eine anhaltende Sättigung und unterstützen eine gute Verdauung.

Löffel für Löffel versorgt die Smoothie-Bowl den Körper am Morgen mit Vitaminen, Mineralstoffen, Antioxidantien, gesunden Fetten, Eiweiß und Kohlenhydraten – für einen kraftvollen Start in den Tag! Und das Beste: Die Schalen sind im Handumdrehen zubereitet. Lassen Sie sich von den Rezepten inspirieren und sorgen Sie am Morgen für eine gesunde Abwechslung auf dem Frühstückstisch. Sie werden sehen, wie viel Spaß das Löffeln macht!

Die gesunde Mini-Mahlzeit zum Löffeln: ein Füllhorn an Vitalstoffen und reichlich Vorteile für die Gesundheit!

Die Ernährung hat weitreichende Auswirkungen auf die Gesundheit und das Wohlbefinden des Körpers. Mit den Smoothies zum Löffeln leisten Sie einen wichtigen Beitrag zur Erhaltung und Verbesserung Ihrer Gesundheit. Die Deutsche Gesellschaft für Ernährung (DGE) empfiehlt, täglich fünf Portionen Obst und Gemüse, möglichst frisch, zu verzehren. Denn Obst und Gemüse sind reich an Vitaminen, Mineralstoffen, Ballaststoffen und sekundären Pflanzenstoffen. Im Idealfall sind dies drei Portionen Gemüse und zwei Portionen Obst. Eine Handvoll entspricht übrigens einer Portion, so lässt sich die Menge vom Kind bis zum Erwachsenen ganz einfach abmessen. Die Praxis zeigt, dass diese Menge oftmals nicht erreicht wird. Die Smoothie-Bowl bietet Ihnen die Möglichkeit, große Mengen an verschiedenen Obst-

und in welchem Maß Kohlenhydrate, Fett und Eiweiß im Körper verwertet werden und Mineralstoffe in die Knochen eingebaut werden. Darüber hinaus sind Vitamine notwendig für den Aufbau körpereigener Enzyme, Hormone, Blutzellen und Gewebe für das Immunsystem. Die lebenswichtigen Nährstoffe müssen regelmäßig ersetzt werden. Die Smoothie-Bowl sorgt für Vitaminnachschub, da sie mit einer abwechslungsreichen Vielfalt an Früchten und Gemüse das breite Spektrum an Vitaminen abdecken kann. So schützt zum Beispiel Vitamin C vor Infekten und stärkt das Bindegewebe. Gute Quellen sind unter anderem Acerola, Gojibeeren, Grünkohl oder Hagebutten. Lediglich das Vitamin B12 ist nur in tierischen Lebensmitteln wie Fleisch, Käse und Fisch zu finden und wird nicht über die Smoothie-Bowl abgedeckt.

· Die Multitalente Mineralstoffe sind besonders wichtig, damit der Körper langfristig gesund und leistungsfähig bleibt. Wie bei den Vitaminen benötigt der Körper sie nur in kleinen Mengen, und doch kann ein geringer Mangel die Gesundheit beeinträchtigen. Mineralstoffe sind unentbehrlich für viele Reaktionen, wie beispielsweise Nerven- und Muskelerregbarkeit, Blutbildung und Sauerstofftransport, Aufbau von Knochen und Zähnen. Eine regelmäßige Zufuhr über den Smoothie zum Löffeln unterstützt den Körper. So sorgt zum Beispiel das Mineral Eisen für einen effektiven Sauerstofftransport im Blut und wirkt so abnehmender Leistungsfähigkeit entgegen. Reichlich Eisen finden Sie in Haferflocken, Hirse, Grünkohl, Feldsalat oder Spinat sowie in den Superfoods Spirulina und Moringa.

und Gemüsesorten abwechslungsreich in Ihren Speiseplan zu integrieren.

Mit den aromatischen Extras und den vitalstoffreichen Toppings machen Sie sich die wertvollen Inhaltsstoffe der Smoothie-Bowls für Ihren Körper bewusst zunutze:

· Lebenswichtige Vitamine sorgen für einen reibungslosen Stoffwechsel. Sie regeln zum Beispiel, wie

· Die leuchtend bunten Farben der Smoothie-Bowls zeigen die große Vielfalt an sekundären Pflanzenstoffen, die eine große gesundheitsfördernde Wirkung für den Menschen haben. Diese bioaktiven Stoffe stecken vor allem in Fruchtschalen beziehungsweise unmittelbar darunter sowie in Kernen und Blättern von Obst und Gemüse. Sekundäre Pflanzenstoffe sind natürliche Geschmacks-, Duft- und Farbstoffe sowie Wachstumsregulatoren, die ausschließlich von Pflanzen gebildet werden. Sie beeinflussen Stoffwechselprozesse und wirken antioxidativ. Das heißt, sie hindern sogenannte freie Radikale daran, sich mit anderen Molekülen zu verbinden und so menschliche Zellen zu schädigen. Darüber hinaus können sie das Risiko für Herz-Kreislauf-Erkrankungen und bestimmte Krebsarten senken. Wichtige bioaktive Stoffe sind beispielsweise Karotinoide aus Möhren und gelben bis roten Früchten, die das Immunsystem stärken. Flavonoide in Aroniabeeren, Acai, Hagebutten oder Beeren, die die rote, blaue und violette Färbung von Obst und Gemüse bewirken und freie Radikale bekämpfen. Oder auch Phytosterine in Kürbiskernen, die eine cholesterinsenkende Wirkung haben.

· Eiweiß (Protein) ist in tierischen Lebensmitteln wie Milch und Milchprodukten sowie in pflanzlichen Lebensmitteln wie Getreide, Soja, Nüssen und Samen enthalten. Eiweiß dient nicht nur dem Muskel-, sondern auch dem Knochenaufbau. Darüber hinaus liefert Protein Energie und ist so ein idealer Sattmacher. Die Grundbausteine von Eiweiß sind Aminosäuren, die beliebig kombiniert werden können. Die meisten Eiweißbausteine kann der Körper selbst herstellen, essenzielle (lebenswichtige) Aminosäuren müssen über die Nahrung zugeführt werden. Einen hohen Anteil an hochwertigen Aminosäuren haben beispielsweise Blattgemüse wie Grünkohl oder Spinat sowie Sojaprodukte wie Seidentofu oder die Pseudogetreide Amaranth und Quinoa und sind so eine wertvolle Zutat für Ihre Smoothie-Bowl.

· Gesunde Fette wie die wertvollen ungesättigten Omega-3- und Omega-6-Fettsäuren sollten täglich auf dem Speiseplan stehen. Sie sorgen dafür, dass der Körper vital und das Gehirn leistungsfähig bleibt. Darüber hinaus beeinflussen die gesunden Fettsäuren den Cholesterinspiegel positiv. Zudem sind Fette mit ihrem hohen Energiegehalt gute Sattmacher. Die wertvollen Fettsäuren finden sich vor allem in Avocado, Nüssen und Samen wie Lein-, Hanf- oder Chiasamen. Aber auch in grünen Blättern wie Spinat oder Grünkohl sowie in Haferflocken und Quinoa sind die gesunden Fette zu finden und versorgen über die Smoothie-Bowl Ihren Körper damit.

Kokosfett wurde lange Zeit in der Küche wegen seiner gesättigten Fettsäuren verbannt. Moderne Ernährungs-

empfehlungen lauten jedoch, dass Kokosöl und Kokosmus in naturbelassener Rohkostqualität eine gesundheitsfördernde Wirkung haben. Rund die Hälfte des Kokosöls besteht aus der mittelkettigen Fettsäure (MCT) Laurinsäure, die sich positiv auf den Cholesterinspiegel und den Gefäßschutz auswirkt sowie zur Verbesserung von Demenz und Alzheimer beitragen kann. Zudem verleiht Kokosmus dem Smoothie einen herrlich nussigen Geschmack.

· Wertvolle Ballaststoffe finden sich vorwiegend in den Randschichten und Schalen von pflanzlichen Lebensmitteln wie Obst, Trockenobst und Gemüse oder Getreide. Die unverdaulichen Nahrungsbestandteile sind kein unnötiger Ballast, sondern fördern eine gute Verdauung und unterstützen die Darmgesundheit. Darüber hinaus senken Ballaststoffe die Aufnahme von Fett und Zucker aus dem Darm und reduzieren so hohe Cholesterinwerte. Weiterhin haben Ballaststoffe die Fähigkeit, das Darmkrebsrisiko zu senken. 30 Gramm Ballaststoffe sollte der Mensch täglich zu sich nehmen. Die

Smoothie-Bowl ist eine gute Quelle: Die reichlich enthaltenen Ballaststoffe von Obst und Gemüse bleiben beim Mixen erhalten. Verwenden Sie deshalb unbedingt unbehandeltes Obst und Gemüse mit Schale und Kernen, das unterstützt Sie dabei, die tägliche Ballaststoffzufuhr zu erreichen.

Zeit zum Genießen

Damit Sie in den vollen Nutzen der wertvollen Inhaltsstoffe Ihrer Smoothie-Bowl kommen, sollten Sie sich auch Zeit nehmen und Löffel für Löffel genießen. Auch das Auge isst mit. Lassen Sie Ihrer Kreativität freien Lauf und verzieren Sie die Smoothie-Bowl kunstvoll mit frischen Früchten und Ihren Lieblings-Toppings. Bewusst zu essen trägt dazu bei, richtig zu essen. Kauen Sie jeden Bissen sorgfältig und gründlich und spüren Sie dem Geschmack der verschiedenen Zutaten nach. Die Verdauungssäfte werden so angeregt und die kostbaren Nährstoffe können vom Körper aufgeschlossen werden. Darüber hinaus entspannt die Muße beim Essen und fördert das natürliche Sättigungsempfingen. Das bedeutet: Der Fruchtcocktail zum Löffeln ist leicht verdaulich, hält lange satt und liefert jede Menge Vitalstoffe. So eignen sich Smoothie-Bowls für einen energiegeladenen Start in den Tag. Nach Herzenslust können Sie ihn aber auch zum Mittagessen oder am Abend servieren.

Das Smoothie-Bowl-Einmaleins

Wie bei der Herstellung von Smoothies sind auch die Smoothie-Bowls in kurzer Zeit und im Handumdrehen fertig. Sie können damit sofort losstarten: Die gesäuberten und zerkleinerten Früchte sowie das Gemüse werden kurz im leistungsstarken Mixer zu einer sämigen dickflüssigen Konsistenz püriert. Der Fruchtcocktail wird anschließend in eine Schale gefüllt und mit Früchten und Lieblings-Toppings serviert. Ruck, zuck haben Sie so morgens Ihr gesundes Frühstück gezaubert.

Welche Geräte eignen sich für die Herstellung von Smoothie-Bowls?

Der Mixer ist das entscheidende Arbeitsgerät, um die Früchte, das Gemüse und die Blätter in eine sämige Konsistenz zu bringen.

Zu Beginn können Sie es auch mit einem Pürierstab oder einem herkömmlichen Standmixer probieren. Der normale Küchenmixer sollte in der Regel die Zubereitung von Obst-Smoothies sowie das Pürieren von gefrorenen Früchten und Nüssen gut erfüllen. Wenn Sie jedoch Geschmack an den Smoothie-Bowls gefunden haben und auch von den grünen Smoothie-Bowls begeistert sind, dann sollten Sie sich überlegen, ob Sie nicht in einen Hochleistungsmixer investieren wollen. Auf lange Sicht zahlt sich diese Anschaffung aus, da der Hochleistungsmixer das faserige Pflanzengrün zuverlässig zerkleinert und die wertvollen Inhaltsstoffe optimal aufschließt. Dies sorgt für die einzigartig sämige Konsistenz des Smoothies und bietet so Löffel für Löffel einen wunderbaren Genuss.

Welche Basis-Zutaten benötige ich?

Die Grundlage bilden, wie bei einem herkömmlichen Smoothie auch frisches, unbehandeltes Obst, Gemüse und Blätter. Verwenden Sie nur frisches Obst und Gemüse aus biologischem oder unbehandeltem Anbau. Achten Sie darauf, nur reife Früchte zu verwenden, denn nur ausgereifte Früchte enthalten das Optimum an Vitalstoffen, zudem überzeugen reife Früchte mit natürlicher Süße. Nicht zuletzt deshalb schmecken Smoothie-Bowls so fruchtig.

Wer dabei darauf achtet, Gemüse und Obst möglichst in ihrer Saison regional beim Bauern in der Nähe zu kaufen und importierte Südfrüchte aus fairem Handel in Maßen genießt, leistet auch einen Beitrag für die Umwelt und tut etwas Gutes. Kurze Wege sorgen nicht nur für Frische, sondern auch für einen hohen Nährstoffgehalt.

Übrigens ist zusätzliches Fett aus hochwertigen Ölen nicht notwendig, da Fruchtschalen, Kerne und Pflanzengrün über natürliche Fettsäuren verfügen. Darüber hinaus werden on top die Smoothie-Bowls mit Nüssen und Samen belegt, die ebenfalls wertvolle und gesunde Fette liefern.

Obst-Power pur

Für den fruchtigen Gaumenschmeichler werden ganze Früchte mit Schale und Kernen fein püriert. Die geballte Ladung an Vitalstoffen wie Ballaststoffen und Antioxidantien bleibt so im Smoothie erhalten. Da der Smoothie nicht getrunken, sondern gelöffelt wird, ist es wichtig, dass der Fruchtbrei eine recht dickflüssige Konsistenz hat. Das bedeutet, dass der zusätzliche Wasseranteil reduziert wird beziehungsweise entfällt. Gleichzeitig sorgen Früchte wie Bananen oder Avocado für eine sämigere Konsistenz. Die gleiche Wirkung haben tiefgekühlte Früchte. Das können Sie sich zunutze machen, indem Sie bereits gefrorene Früchte wie Beeren, Acai- oder Acerolapüree aus Bio-Anbau verwenden. Diese tiefgefrorenen Früchte beinhalten noch einen großen Teil ihrer wertvollen Vitalstoffe. Sie können aber auch einen Teil der Früchte, die Sie für den Smoothie verwenden möchten, bereits am Vorabend zerkleinern, in eine Plastikschale füllen und in den Tiefkühlschrank stellen.

Pürieren Sie die Früchte so lange, bis der Smoothie eine feine Konsistenz hat, je nachdem, wie es Ihr Gerät schafft. Achten Sie darauf, dass sich der Smoothie beim Mixen nicht zu stark erwärmt. Alternativ können Sie das Obst, das Sie verwenden, auch am Vorabend in den Kühlschrank legen. Das gilt ausnahmsweise auch für Südfrüchte, die normalerweise nicht gekühlt werden sollen. Zusätzlich können Sie auch einige Eiswürfel in den Mixbehälter geben und mitpürieren, das sorgt gleichzeitig für eine cremigere Konsistenz.

Für einen zusätzlichen pflanzlichen Nährstoff- und Eiweiß-Kick am Morgen können Sie Ihrem reinen Obst-Smoothie beispielsweise Maca, Moringa oder Hanfproteinpulver zugeben.

Tipp:

Die kleinen schwarzen Kerne der Papaya können einfach mitpüriert werden, da sie mit reichlich wertvollen Inhaltsstoffen aufwarten. Sie haben einen leicht scharfen Geschmack, deshalb vorsichtig dosieren!

Cremiger Genuss mit Milchprodukten, Pflanzenmilch und Co.

Wenn Sie morgens das Gefühl haben, dass Sie die geballte Obstpower nicht satt macht und Sie immer noch hungrig sind, können Sie Ihren Smoothie auch mit Milchprodukten wie Joghurt, Quark oder Kefir anreichern. Selbstverständlich passen auch milchfreie Alternativen wie Mandel-, Hafer- oder Kokosmilch. Oder haben Sie schon einmal Seidentofu in Ihrem Smoothie verarbeitet? Dieser sorgt nicht nur für zusätzliches hochwertiges Eiweiß, sondern auch für eine cremig-samtige Konsistenz. So macht Sie die Smoothie-Bowl satt und glücklich.

Nüsse und Samen
– das Plus an wertvollen Fettsäuren

Die kleinen Kraftpakete sind ein schmackhaftes Extra in Ihrer Smoothie-Bowl. Ebenso wie cremige Nussmuse verfeinern sie den Geschmack und erhöhen zusätzlich den Nährwert der Smoothie-Bowl, indem sie wertvolle Mineralstoffe und gesunde Fettsäuren liefern. Ferner verhelfen Nüsse und Samen dem Smoothie zu einer dickflüssigeren Konsistenz. Probieren Sie auch einmal verschiedene Flocken wie Hafer, Hirse oder Quinoa. Eine lang anhaltende Sättigung ist Löffel für Löffel garantiert.

Weichen Sie Nüsse, Samen sowie Trockenfrüchte vor der Verwendung in Wasser ein. Das Einweichwasser dabei nicht wegschütten, sondern für den Smoothie verwenden, da es viele gelöste Vitalstoffe enthält.

Superfoods
– der Booster für die Smoothie-Bowl

Superfoods sind echte Powerpakete mit einem umfassenden Vitalstoffspektrum, denn sie weisen besonders nähr- und vitalstoffreiche Inhaltsstoffe auf und haben somit einen höheren gesundheitlichen Nutzen als herkömmliche Nahrungsmittel. Bei einer gesunden Lebensweise liefert ein abwechslungsreicher Speiseplan reichlich wertvolle Vitalstoffe, die den Körper optimal versorgen. Ist das empfindliche Gleichgewicht durch täglichen Stress, eine hektische Lebensweise oder hohe Belastung mit Umweltschadstoffen gestört, sind Superfoods als hochwertige Nahrungsquelle besonders sinnvoll und liefern das Quäntchen an Extra-Energie.

Die positiven Wirkweisen der einzelnen Superfoods sind vielfältig. Sie beinhalten wichtige Antioxidantien, die freie Radikale daran hindern, menschliche Zellen zu schädigen. Sie schützen gegen oxidativen Stress, fördern die Heilung von Entzündungen und stärken das Immunsystem. Ferner sind Superfoods eine exzellente Quelle für gesunde Fettsäuren.

Die genussvollen Kraftpakete sind leicht verwendbar und können als Bestandteil im Smoothie einen wichtigen gesundheitlichen Beitrag leisten:

· Matcha, das leuchtend grüne Teepulver, wirkt stark antioxidativ, enthält hochwertige Aminosäuren und reichlich Eisen.

· Moringa ist eine der nährstoffreichsten Pflanzen. Das grüne Pulver enthält eine geballte Ladung an Antioxidantien, Mineralstoffen und Vitaminen sowie hochwertiges Eiweiß.

· Spirulina, das grüne Algenpulver, ist ein Konzentrat an wertvollen Inhaltsstoffen, wie beispielsweise Antioxidantien, B-Vitaminen und hochwertigen Aminosäuren.

· Acaibeeren gehören ebenfalls zu den Antioxidantien-Spitzenreitern.

· Acerolakirschen übertrumpfen alle heimischen Früchte an Vitamin C und liefern reichlich sekundäre Pflanzenstoffe.

· Aroniabeeren überzeugen durch eine starke Konzentration an sekundären Pflanzenstoffen sowie Vitamin C und K.

· Gojibeeren sind eine Antioxidantienbombe, zudem zeichnen sie sich durch den hohen Vitamin-C-Gehalt aus.

Auch die heimische Palette an Nahrungsmitteln ist reich an Superfoods wie beispielsweise:

· Grünkohl ist eine der gesündesten Gemüsesorten, und in seiner rohen Form bereichert er den Smoothie mit reichlich Antioxidantien-Power, Eisen, Vitamin C sowie gesunden Fettsäuren.

· Leinsamen haben einen ähnlich hohen Anteil an gesunden Fettsäuren wie Chiasamen und liefern vielfältige Vitalstoffe sowie gesunde Ballaststoffe.

· Mohn gehört zu den kalziumreichsten Lebensmitteln. Zudem sind die Samen reich an hochwertigen Aminosäuren.

· Blaubeeren strotzen vor Antioxidantien, zudem sind die Beeren reich an Mineralstoffen wie Eisen.

· Hagebutten sind die heimischen Vitamin-C-Spitzenreiter, ferner liefern die roten Früchte auch wichtige Antioxidantien.

Toppings – die Verzierung der Bowl mit dem Extra-Kick an Nährstoffen

Die „Verzierung" ist das i-Tüpfelchen auf der Smoothie-Bowl. Dekorieren Sie Ihren Smoothie mit Liebe und kunstvoll, denn das Auge isst mit. Nicht nur optisch starten Sie so genussvoll in den Tag, auch ernährungsphysiologisch bringen die Toppings Ihren Vitalstofflevel in den grünen Bereich. Darüber hinaus regen die köstlichen Extras auf der Smoothie-Bowl zum gründlichen Kauen an und machen satt.

Je nach Topping überrascht Sie die gleiche Smoothie-Bowl immer wieder mit neuen Geschmackserlebnissen und regt zu neuen Variationen an.

Die Toppings können nach Herzenslust gewählt werden. Frisches oder getrocknetes Obst, Nüsse, Superfood wie Gojibeeren oder Chiasamen, Schokoladenstreusel, gepuffter Quinoa oder Müsli – dem Geschmack und der Fantasie sind keine Grenzen gesetzt.
Folgende Toppings geben der Smoothie-Bowl ein Plus an wertvollen Vitalstoffen:

· Die Früchte, die Sie zum Smoothie verarbeiten, können Sie auch gleich zur Dekoration verwenden, indem Sie einen Teil davon dekorativ zuschneiden. Für ein Maximum an gesunden Inhaltsstoffen und Geschmack.

· Trockenfrüchte wie Datteln, Feigen, Rosinen oder Maulbeeren sind reich an Mineralstoffen und verdauungsfördernden Ballaststoffen. Darüber hinaus sorgt der hohe Zuckeranteil von Trockenobst für eine natürliche Süße.

· Knuspermüsli (Granola) – am besten selbst gemacht, siehe Rezept Seite 22 – wartet mit knusprigen Flocken und Nüssen auf und versorgt Sie zusätzlich mit wertvollen Fetten und Eiweißen.

Gepuffter Amaranth und Quinoa sind von Natur aus glutenfrei und für alle, die an einer Glutenunverträglichkeit leiden, eine wunderbare Alternative. Das Pseudogetreide liefert reichlich wertvolles Eiweiß und ist darüber hinaus ein prima Sattmacher.

· Blütenpollen bieten ein breites Spektrum an Nährstoffen wie hochwertigen Aminosäuren, gesunden Fettsäuren und reichlich Antioxidantien.

· Gojibeeren (siehe oben)

· Chiasamen haben einen hohen Anteil an Omega-3-Fettsäuren und sind sehr proteinhaltig.

· Kakao-Nibs sind geschälte rohe Kakaobohnen, die wertvolle Fette, Ballaststoffe und Eiweiß liefern.

· Nüsse wie Hasel- oder Walnuss und Samen wie Hanfsamen oder Sonnenblumenkerne liefern hauptsächlich wertvolle Mineralstoffe und lebensnotwendige Fettsäuren.

Bowls

ganz pur

Selbst gemachtes
Granola

Für ca. 2 Gläser à 500 ml

50 g Mandeln
50 g Cashewkerne
500 g 5-Korn-Flocken
50 g Kürbiskerne
50 g Sonnenblumenkerne
200 g gemahlene Mandeln
150 ml Maiskeimöl
100 ml Ahornsirup
3 El Honig
1 Prise Salz
1 Msp. Zimt
1 Msp. Kardamom

Zubereitungszeit: ca. 15 Minuten
(plus Backzeit)
Pro Glas ca. 2754 kcal/11525 kJ
80 g E, 176 g F, 216 g KH

Den Backofen auf 150 °C vorheizen. Zwei Backbleche mit Backpapier auslegen.

Die Mandeln und die Cashewkerne grob hacken und mit den Getreideflocken, Kürbis- und Sonnenblumenkernen und gemahlenen Mandeln in einer großen Schüssel vermischen.

In einem kleinen Topf das Maiskeimöl, den Ahornsirup und den Honig bei mittlerer Hitze langsam erhitzen. Alles über die Müslimischung gießen und gut verrühren.

Die Mischung auf die zwei Backbleche verteilen und im Backofen 40 Minuten knusprig backen. Dabei alle 10 Minuten durchrühren und nach der Hälfte der Backzeit die Backbleche wechseln.

Das Knuspermüsli abkühlen lassen und in Vorratsgläsern trocken lagern. Das Rezept ergibt ca. 1 kg Granola.

Tipp: Für ein glutenfreies Granola glutenfreie Flocken wie Quinoa-, Reis- und/oder Buchweizenflocken verwenden.

Beeren-Smoothie-Bowl

Für 2 Portionen
1 Banane
2 mittlere Birnen
300 g gemischte Beeren (TK)

Für das Topping
6 El selbst gemachtes Granola
(siehe Seite 22)
50 g Himbeeren
50 g Blaubeeren

Zubereitungszeit: ca. 20 Minuten
Pro Portion ca. 340 kcal/1424 kJ
7 g E, 10 g F, 53 g KH

Die Banane schälen, die Birnen waschen und alles grob zerkleinern. Mit den Beeren in den Mixer geben und mit 150 ml kaltem Wasser auffüllen. Alles zu einer dickflüssigen Masse pürieren. Auf zwei Schalen verteilen.

Für das Topping die Himbeeren und die Blaubeeren waschen und trocken tupfen. Die Himbeeren in einem Kreis auf dem Smoothie verteilen. Die Blaubeeren um die Himbeeren legen. In die Mitte das Granola füllen und sofort servieren.

Grüner-Smoothie-Bowl

Für 2 Portionen
50 g Baby-Blattspinat
2 Äpfel
1 Banane
1 Avocado

Für das Topping
6 El selbst gemachtes Granola
(siehe Seite 22)
2 El Himbeeren
2 El Blaubeeren
1/2 Banane

Zubereitungszeit: ca. 20 Minuten
Pro Portion ca. 405 kcal/1693 kJ
7 g E, 17 g F, 54 g KH

Den Blattspinat waschen und trocken schütteln. Die Äpfel waschen. Die Banane und die Avocado schälen. Die Avocado vom Kern befreien. Äpfel, Banane und Avocado grob zerkleinern und in den Mixer geben. Den Blattspinat zugeben und mit 100 ml kaltem Wasser alles zu einer dickflüssigen Masse pürieren. Auf zwei Schalen verteilen.

Für das Topping die Himbeeren und die Blaubeeren waschen und trocken tupfen. Die Banane in Scheiben schneiden. Das Granola auf einer Hälfte des Smoothies verteilen. Die Himbeeren neben dem Granola längs in einer Reihe legen. Daneben die Blaubeeren in einer Reihe und zuletzt die Banane längs dekorieren. Sofort servieren.

Tropical-Smoothie-Bowl

Für 2 Portionen
1/2 Ananas
500 g Papaya (nach Belieben mit Kernen)
150 ml Kokosmilch

Für das Topping
1/4 Ananas
4 El Kokos-Chips
2 El Kakao-Nibs

Zum Servieren
2 Kokosnüsse

Zubereitungszeit: ca. 20 Minuten
(plus Zeit zum Nüsseknacken)
Pro Portion ca. 293 kcal/1227 kJ
5 g E, 6 g F, 52 g KH

Bei den Kokosnüssen mit einer scharfen Säge im oberen Drittel einen Deckel absägen. Die Kokosnüsse unter fließendem Wasser abspülen. Nach Belieben das Kokosnussfleisch herauslösen und für das Topping klein hacken.

Die Ananas schälen und grob zerkleinern. Die Papaya schälen, halbieren und mit den Kernen in einen Mixer geben. Die Kokosmilch und die Ananas zugeben und alles zu einer dickflüssigen Masse pürieren. Auf die zwei Kokosnüsse verteilen.

Für das Topping die Ananas schälen, vom Strunk befreien und quer in dünne Scheiben schneiden. Die Ananasscheiben mittig auf dem Smoothie anordnen. Die Kokos-Chips und die Kakao-Nibs rundherum streuen. Sofort servieren.

Defence-Bowl:
Apfel-Möhren-Bowl

Für 2 Portionen
2 große Äpfel
2 Orangen
1 Möhre
1,5 cm frischer Ingwer
1 El Agavendicksaft, nach Belieben

Für das Topping
1 Apfel
2 El Mandeln
2 El Gojibeeren
2 Tl Sonnenblumenkerne
2 Tl Hanfsamen

Zubereitungszeit: ca. 20 Minuten
Pro Portion ca. 363 kcal/1520 kJ
8 g E, 10 g F, 57 g KH

Die Äpfel waschen. Die Orangen, die Möhre und den Ingwer schälen. Alles grob zerkleinern und im Mixer zu einer dickflüssigen Masse pürieren. Nach Belieben mit Agavendicksaft süßen und nochmals pürieren. Auf zwei Schalen verteilen.

Für das Topping den Apfel waschen, vom Kerngehäuse befreien und in dünne Spalten schneiden. Die Mandeln grob hacken. Die Apfelspalten mittig auf dem Smoothie verteilen und die Gojibeeren darüberstreuen. Die gehackten Mandeln neben dem Apfel verteilen. Die Sonnenblumenkerne und die Hanfsamen auf der anderen Seite anordnen. Sofort servieren.

Ananas-Rote-Bete-Smoothie-Bowl

Für 2 Portionen
2 Rote Beten
2 Möhren
1 Ananas
1 Orange
3–4 Eiswürfel, nach Belieben

Für das Topping
2 El Blütenpollen
4 El Quinoa-Pops

Zubereitungszeit: ca. 20 Minuten
Pro Portion ca. 329 kcal/1374 kJ
7 g E, 4 g F, 63 g KH

Die Roten Beten und die Möhren waschen, die Enden abschneiden und grob zerkleinern. Die Enden der Ananas abschneiden, schälen und vierteln. Bei einem Viertel der Ananas den Strunk entfernen, in dünne Scheiben schneiden und für das Topping beiseitelegen. Die restliche Ananas (mit Strunk) grob zerkleinern. Die Orange schälen und ebenfalls klein schneiden. Alles in einen Mixer geben und zu einer dickflüssigen Masse pürieren. Nach Belieben noch Eiswürfel zugeben und zu einer cremigeren Masse pürieren. Auf zwei Schalen verteilen.

Für das Topping die Ananasscheiben mittig in zwei überlappenden Ringen auf dem Smoothie anordnen. Die Ananas mit den Blütenpollen bestreuen. Die Quinoa-Pops außen herum verteilen. Sofort servieren.

Muntermacher-Smoothie-Bowl

Für 2 Portionen
100 g Feldsalat
2 Äpfel
2 Grapefruits
2 Tl Moringa-Blattpulver

Für das Topping
1 Banane
2 El Maulbeeren
2 El Blütenpollen
4 El selbst gemachtes Granola
(siehe Seite 22)

Zubereitungszeit: ca. 25 Minuten
Pro Portion ca. 327 kcal/1365 kJ
7 g E, 9 g F, 51 g KH

Den Feldsalat waschen und trocken schütteln. Die Äpfel waschen und grob zerkleinern. Die Grapefruits schälen und ebenfalls klein schneiden. Alles mit dem Moringa in einen Mixer geben und zu einer dickflüssigen Masse pürieren. Auf zwei Schalen verteilen.

Für das Topping die Banane schälen und in dünne Scheiben schneiden. Die Bananen von der Mitte ausgehend in einer Spirale auf dem Smoothie anordnen. Die Maulbeeren zwischen der Spirale verteilen und alles mit den Blütenpollen bestreuen. Das Granola außen herum verteilen und sofort servieren.

Zweifarbige
Smoothie-Bowl

Für 2 Portionen
Für den Beeren-Smoothie
400 g gemischte Beeren (TK)
2 Datteln, entsteint
150 ml Kokoswasser

Für den Mango-Smoothie
1 Mango
250 g Aprikosen

Für das Topping
2 El Blaubeeren
4 El Amaranth-Pops
2 Tl Mandelmus, nach Belieben

Zubereitungszeit: ca. 30 Minuten
Pro Portion ca. 238 kcal/995 kJ
5 g E, 5 g F, 40 g KH

Für den Beeren-Smoothie die Beeren mit den Datteln und dem Kokoswasser in einen Mixer geben und zu einer dickflüssigen Masse pürieren. In ein Gefäß mit Ausgießer füllen und beiseitestellen.

Für den Mango-Smoothie die Mango schälen, vom Kern befreien und grob zerkleinern. Die Aprikosen waschen, entkernen und ebenfalls zerkleinern. Alles in einen Mixer geben und zu einer dickflüssigen Masse pürieren. Ebenfalls in ein Gefäß mit Ausgießer füllen. Beide Smoothies gleichzeitig in die Schalen gießen, damit sie sich in der Mitte treffen.

Für das Topping die Blaubeeren waschen und trocken tupfen. Die Blaubeeren auf dem Smoothie anordnen, an dem sich beide Farben treffen. Die Amaranth-Pops am Rand außen herum verteilen. Nach Belieben mit Mandelmus beträufeln und sofort servieren.

Detox-Smoothie-Bowl

Für 2 Portionen
80 g Feldsalat
200 g kernlose Trauben
1/2 Ananas
1–2 cm Ingwer
2 Tl Spirulinapulver

Für das Topping
1/4 Ananas
1 Handvoll kernlose Trauben
2 El Chiasamen
2 El Gojibeeren

Zubereitungszeit: ca. 25 Minuten
Pro Portion ca. 305 kcal/1273 kJ
6 g E, 4 g F, 57 g KH

Den Feldsalat waschen und trocken schütteln. Die Trauben waschen. Die Ananas schälen und grob zerkleinern (mit Strunk). Den Ingwer schälen. Alles mit dem Spirulinapulver in einen Mixer geben und zu einer dickflüssigen Masse pürieren. Auf zwei Schalen verteilen.

Für das Topping die Ananas schälen, vom Strunk befreien und in dünne Scheiben schneiden. Die Trauben waschen und halbieren. Die Ananas mit der runden Seite nach außen am Rand der Schale in einem Ring verteilen. Die Traubenhälften darunter ebenfalls in einem Ring anordnen. Darunter die Chiasamen in einem Ring verteilen. In die Mitte die Gojibeeren streuen. Sofort servieren.

Antioxidantien-Smoothie-Bowl

Für 2 Portionen
200 g Acai-Fruchtpüree (TK)
300 g Blaubeeren (TK)
4 Orangen
2–3 El Agavendicksaft
2 Tl Hanfproteinpulver,
nach Belieben

Für das Topping
2 Tl Gojibeeren
4 El Quinoa-Pops
2 El Hanfsamen

Zubereitungszeit: ca. 20 Minuten
Pro Portion ca. 437 kcal/1831 kJ
11 g E, 11 g F, 69 g KH

Die Acai-Päckchen kurz unter warmes Wasser halten, das Püree aus der Verpackung nehmen und mit den Blaubeeren in einen Mixer geben. Die Orangen schälen. Zwei Orangen filetieren und die Filets für das Topping beiseitelegen. Den Rest und die anderen Orangen grob zerkleinern und mit dem Agavendicksaft ebenfalls zugeben. Nach Belieben das Hanfproteinpulver dazugeben und alles zu einer dickflüssigen Masse pürieren. Auf zwei Schalen aufteilen.

Für das Topping die Orangenfilets in einem Kreis fächerartig auf dem Smoothie verteilen. In die Mitte die Gojibeeren geben. Die Quinoa-Pops und die Hanfsamen außen rundherum verteilen. Sofort servieren.

Kaki-Kaktusfeige-Smoothie-Bowl

Für 2 Portionen
3 Kakis
4 Kaktusfeigen
1 Orange

Für das Topping
1 Kaktusfeige
4 El Amaranth-Pops
2 El Hanfsamen

Zubereitungszeit: ca. 25 Minuten
Pro Portion ca. 317 kcal/1325 kJ
7 g E, 6 g F, 57 g KH

Die Kakis waschen, halbieren und vom Stielansatz befreien. Eine halbe Kaki in dünne Scheiben schneiden und für das Topping beiseitelegen. Den Rest grob zerkleinern. Bei den Kaktusfeigen die Enden abschneiden, schälen und ebenfalls grob zerkleinern. Die Orange schälen und zerkleinern. Alles in einen Mixer geben und zu einer dickflüssigen Masse pürieren. Auf zwei Schalen aufteilen.

Für das Topping die Enden der Kaktusfeige abschneiden, schälen, halbieren und in dünne Scheiben schneiden. Die Kakischeiben mittig fächerartig auf dem Smoothie anordnen. Die Kakischeiben überlappend links und rechts danebenlegen. Die Amaranth-Pops am Rand rundherum verteilen. Die Hanfsamen über die Früchte streuen und sofort servieren.

Matcha-Kiwi-Smoothie-Bowl

Für 2 Portionen
2 Avocados
5 Kiwis
1 Apfel
1 1/2 El Matcha (Grünteepulver)
2 Tl Hanfproteinpulver,
nach Belieben

Für das Topping
1 Kiwi
2 El Blütenpollen
2 El Sonnenblumenkerne

Zubereitungszeit: ca. 25 Minuten
Pro Portion ca. 285 kcal/1196 kJ
8 g E, 21 g F, 17 g KH

Die Avocados und die Kiwis schälen. Den Apfel waschen. Alles grob zerkleinern und in einen Mixer geben, Matcha und 150 ml Wasser zugeben und zu einer dickflüssigen Masse pürieren. Nach Belieben das Hanfproteinpulver zugeben und nochmals mixen. Auf zwei Schalen aufteilen.

Die Kiwi schälen, halbieren und in Scheiben schneiden. Die Kiwihälften längs in der Mitte des Smoothies versetzt anordnen, sodass das Weiß nach innen zeigt. Links und rechts davon längs die Blütenpollen verteilen. Und jeweils daneben die Sonnenblumenkerne. Sofort servieren.

Melonen-Smoothie-Bowl

Für 2 Portionen
500 g Melone
1–2 cm Ingwer
1 Banane
100 g Physalis
100 g Acai-Fruchtpüree (TK)

Für das Topping
2 Physalis
4 El Cashewkerne
2 Tl Kakao-Nibs

Zum Servieren
2 Cantaloupe-Melonen
(je ca. 1 kg)

Zubereitungszeit: ca. 25 Minuten
(plus Zeit zum Vorbereiten)
Pro Portion ca. 380 kcal/1595 kJ
10 g E, 12 g F, 57 g KH

Zum Servieren die Melonen waschen und im oberen Drittel einen Deckel abschneiden. Die Kerne entfernen und mithilfe eines Löffels das Fruchtfleisch herauslösen. Für den Smoothie 500 g abmessen. Die leeren Melonenschalen ausspülen und beiseitestellen. Für das Topping vom restlichen Melonenfruchtfleisch oder aus dem Fruchtfleisch im Deckel jeweils 4–5 dünne Scheiben schneiden und ebenfalls beiseitestellen.

Den Ingwer und die Banane schälen und grob zerkleinern. Die Physalis aus der Hülle lösen. Die Acai-Päckchen kurz unter warmes Wasser halten, das Püree aus der Verpackung befreien und mit den restlichen Früchten in einen Mixer geben und zu einer dickflüssigen Masse pürieren. Den Smoothie auf die zwei Melonenschalen aufteilen.

Für das Topping die Hüllen der Physalis öffnen, nach hinten umschlagen und verzwirbeln. Die Cashewkerne grob hacken. Die Melonenscheiben mittig auf dem Smoothie anordnen, die Physalis daraufsetzen und die Kakao-Nibs darüberstreuen. Die Cashewkerne am Rand rundherum streuen. Sofort servieren.

Grünkohl-Mango-Smoothie-Bowl

Für 2 Portionen
5 Blätter Grünkohl
2 Mangos
1 Orange

Für das Topping
2 El Walnüsse
1/2 Mango
2 Tl Chiasamen
2 El getrocknete Maulbeeren

Zubereitungszeit: ca. 20 Minuten
Pro Portion ca. 238 kcal/996 kJ
6 g E, 11 g F, 27 g KH

Den Grünkohl waschen und trocken schütteln. Die Mango schälen und vom Kern befreien. Die Orange schälen. Alles in den Mixer geben und zu einer dickflüssigen Masse pürieren. Auf zwei Schalen verteilen.

Für das Topping die Walnüsse grob hacken. Die Mango schälen, vom Kern befreien und klein würfeln. Die Mangowürfel mittig auf dem Smoothie verteilen. Mit den gehackten Walnüssen, den Chiasamen und den Maulbeeren garnieren und sofort servieren.

Preiselbeer-Maca-Smoothie-Bowl

Für 2 Portionen
400 g Pflaumen oder Zwetschgen
200 g Preiselbeeren
200 g Acerola-Fruchtpüree (TK)
2 Tl Macapulver
1–2 El Honig, nach Belieben

Für das Topping
2 Feigen
2 El Blütenpollen
4 El Hanfsamen

Zubereitungszeit: ca. 15 Minuten
Pro Portion ca. 394 kcal/1654 kJ
10 g E, 14 g F, 56 g KH

Die Pflaumen waschen, entsteinen und grob zerkleinern. Die Preiselbeeren waschen und abtropfen lassen. Die Acerola-Päckchen kurz unter warmes Wasser halten, das Püree aus der Verpackung befreien und mit den Pflaumen, den Preiselbeeren und dem Macapulver in einen Mixer geben. Alles zu einer dickflüssigen Masse pürieren. Nach Belieben mit Honig süßen und nochmals mixen. Auf zwei Schalen aufteilen.

Für das Topping die Feigen waschen und in dünne Scheiben schneiden. In der Mitte zu einem Ring überlappend anordnen und mit den Blütenpollen bestreuen. Die Hanfsamen rundherum streuen und sofort servieren.

Drachenfrucht-Beeren-Bowl

Für 2 Portionen
4 Datteln
2 Drachenfrüchte
300 g Beeren (TK)
1–2 El Agavendicksaft,
nach Belieben

Für das Topping
50 g Himbeeren (auch TK)
2 El Amaranth-Pops
2 El Kakao-Nibs

Zubereitungszeit: ca. 25 Minuten
(plus Zeit zum Einweichen)
Pro Portion ca. 134 kcal/564 kJ
4 g E, 3 g F, 20 g KH

Die Datteln in eine Schüssel geben, mit Wasser bedecken und über Nacht im Kühlschrank einweichen.

Die Drachenfrüchte halbieren. Eine Hälfte in dünne Scheiben schneiden und für das Topping beiseitelegen. Mit einem Löffel das Fruchtfleisch aus den restlichen Früchten herausholen und mit den Beeren in einen Mixer geben. Die Datteln abgießen, ebenfalls zugeben und alles zu einer dickflüssigen Masse pürieren. Nach Belieben mit Agavendicksaft süßen und nochmals mixen. Auf zwei Schalen aufteilen.

Für das Topping die Drachenfruchtscheiben mittig fächerartig anordnen. Die Himbeeren waschen, trocken tupfen und um die Drachenfrucht setzen. Die Amaranth-Pops am Rand auf der einen Seite verteilen, die Kakao-Nibs auf der anderen Seite und sofort servieren.

Bowls

mit Milchprodukten und Pflanzenmilch

Sunshine Bowl:
Gelber Pfirsich-Bowl

Für 2 Portionen
4 Pfirsiche
4 gelbe Pflaumen
4 Datteln, entsteint
60 g Griechischer Joghurt

Für das Topping
1/2 Pfirsich
1/2 gelbe Pflaume
2 El Mandeln
2 El Vollkornreis-Pops
2 Tl Gojibeeren

Zubereitungszeit: ca. 25 Minuten
Pro Portion ca. 513 kcal/2149 kJ
8 g E, 9 g F, 96 g KH

Die Pfirsiche und die Pflaumen waschen, entsteinen und grob zerkleinern. Mit den Datteln und dem Griechischen Joghurt in den Mixer geben und zu einer dickflüssigen Masse pürieren. Auf zwei Schalen verteilen.

Für das Topping Pfirsich und Pflaume waschen, entsteinen und in dünne Spalten schneiden. Die Mandeln grob hacken. Die Pfirsichspalten mit der Schale nach außen ringförmig auf dem Smoothie verteilen. Die Pflaumenspalten ebenfalls mit der Schale nach außen versetzt etwas überlappend auf dem Pfirschring verteilen (die Früchte sehen wie eine Blume aus). In die Mitte die Vollkornreis-Pops geben, die Gojibeeren darüberstreuen und die Mandeln außen rundherum streuen. Sofort servieren.

Blaubeer-Birnen-Smoothie-Bowl

Für 2 Portionen
2 mittlere Birnen
300 g Blaubeeren (TK)
200 g Sojajoghurt

Für das Topping
1/2 Granatapfel
1 Birne
4 Tl Hanfsamen

Zubereitungszeit: ca. 25 Minuten
Pro Portion ca. 305 kcal/1278 kJ
8 g E, 9 g F, 48 g KH

Die Birnen waschen und grob zerkleinern. Mit den Blaubeeren und dem Sojajoghurt in den Mixer geben und zu einer dickflüssigen Masse pürieren. Auf zwei Schalen verteilen.

Für das Topping die Kerne aus dem Granatapfel lösen. Die Birne waschen, halbieren, vom Kerngehäuse befreien und in dünne Spalten schneiden. Die Birnenspalten mittig auf dem Smoothie verteilen. Die Granatapfelkerne darüberstreuen und die Hanfsamen rundherum streuen. Sofort servieren.

Himbeer-Vanille-Smoothie-Bowl

Für 2 Portionen
4 Pfirsiche
200 g Himbeeren (TK)
Mark von 1 Vanilleschote
250 ml Griechischer Joghurt

Für das Topping
60 g Himbeeren
2 El Mandeln
1 kleine Handvoll essbare Blüten
(wie z. B. Kapuzinerkresse,
Gänseblümchen, Ringelblume,
Cosmea, Kornblume, Veilchen,
Stiefmütterchen); alternativ
getrocknete Blüten und
Blütenblätter

Zubereitungszeit: ca. 20 Minuten
Pro Portion ca. 299 kcal/1251 kJ
8 g E, 18 g F, 24 g KH

Die Pfirsiche waschen, entsteinen und grob zerkleinern. Mit den Himbeeren, dem Vanillemark und dem Griechischen Joghurt in einen Mixer geben und zu einer dickflüssigen Masse pürieren. Auf zwei Schalen verteilen.

Für das Topping die Himbeeren waschen und trocken tupfen. Die Mandeln grob hacken und am äußeren Rand rundherum verteilen. In der Mitte die Himbeeren und die Blüten nach Belieben verteilen. Sofort servieren.

Beeren-Schoko-Smoothie-Bowl

Für 2 Portionen
2 Avocados
200 g gemischte Beeren (TK)
2 El Kakaopulver
2 Tl Mandelmus
200 ml Mandelmilch
2 El Agavendicksaft,
nach Belieben

Für das Topping
1 Banane
50 g Blaubeeren
2 El Kakao-Nibs
2 El Amaranth-Pops

Zubereitungszeit: ca. 20 Minuten
Pro Portion ca. 593 kcal/2486 kJ
12 g E, 40 g F, 47 g KH

Die Avocados schälen, vom Kern befreien und grob zerkleinern. Mit den Beeren, dem Kakaopulver, dem Mandelmus und der Mandelmilch in einen Mixer geben und zu einer dickflüssigen Masse pürieren. Nach Belieben mit Agavendicksaft süßen und nochmals mixen. Auf zwei Schalen verteilen.

Für das Topping die Banane schälen und in dünne Scheiben schneiden. Die Blaubeeren waschen und trocken tupfen. Die Bananenscheiben längs überlappend in der Mitte auf dem Smoothie verteilen. Die Blaubeeren jeweils längs neben der Banane anordnen. Auf den Seiten jeweils die Kakao-Nibs und die Amaranth-Pops verteilen. Sofort servieren.

Himbeer-Seidentofu-Smoothie-Bowl

Für 2 Portionen
300 g Himbeeren (TK)
100 ml Holundersaft (Muttersaft)
300 g Seidentofu

Für das Topping
60 g Himbeeren
4 El Maulbeeren
4 El Amaranth-Pops

Zubereitungszeit: ca. 20 Minuten
Pro Portion ca. 193 kcal/807 kJ
13 g E, 6 g F, 18 g KH

Die Himbeeren mit dem Holundersaft und dem Seidentofu in einen Mixer geben und zu einer dickflüssigen Masse pürieren. Auf zwei Schalen aufteilen.

Für das Topping die Himbeeren waschen und abtropfen lassen. Mit den Maulbeeren abwechselnd mittig zu einem Kreis auf dem Smoothie anordnen. Die Amaranth-Pops außen herum verteilen und sofort servieren.

Beauty-Smoothie-Bowl

Für 2 Portionen

2 Avocados
1 Mango
1 Orange
200 ml Kefir
2 El Agavendicksaft,
nach Belieben

Für das Topping
1/2 Mango
1/2 Granatapfel
2 El Hanfsamen
2 El Sonnenblumenkerne

Zubereitungszeit: ca. 25 Minuten
Pro Portion ca. 537 kcal/2253 kJ
11 g E, 30 g F, 53 g KH

Die Avocados und die Mango schälen, von Kern befreien und grob zerkleinern. Die Orange schälen und ebenfalls grob zerkleinern. Alles mit dem Kefir in einen Mixer geben und zu einer dickflüssigen Masse pürieren. Nach Belieben mit Agavendicksaft süßen und nochmals mixen. Auf zwei Schalen aufteilen.

Für das Topping die Mango schälen und längs in dünne Spalten schneiden. Die Granatapfelkerne herauslösen. Die Mangospalten mittig fächerartig auf dem Smoothie anordnen. Die Granatapfelkerne rundherum verteilen. Mit den Hanfsamen und den Sonnenblumenkernen jeweils oben und unten bestreuen und sofort servieren.

Feigen-Mango-Smoothie-Bowl

Für 2 Portionen
2 Feigen
1 Banane
1 Mango
100 ml Mandelmilch

Für das Topping
1 Feige
1/2 Mango
1/2 Banane
2 El Quinoa-Pops

Zubereitungszeit: ca. 20 Minuten
Pro Portion ca. 216 kcal/900 kJ
3 g E, 2 g F, 45 g KH

Die Feigen waschen. Die Banane und die Mango schälen, die Mango vom Stein befreien und alles grob zerkleinern. Mit der Mandelmilch in einen Mixer geben und zu einer dickflüssigen Masse pürieren. Auf zwei Schalen verteilen.

Für das Topping die Feige waschen und in dünne Scheiben schneiden. Die Mango schälen, vom Stein befreien und klein würfeln. Die Banane schälen und in dünne Scheiben schneiden. Die Feigen- und Bananenscheiben überlappend jeweils auf einer Seite auf dem Smoothie verteilen. Die Mangowürfel mittig anordnen und mit den Quinoa-Pops bestreuen. Sofort servieren.

Pfirsich-Johannisbeer-Smoothie-Bowl

Für 2 Portionen
4 Pfirsiche
4 Rispen Johannisbeeren
1 Handvoll weiße, kernlose Trauben
250 g Joghurt (3,5 %)

Für das Topping
1 Pfirsich
2 Rispen Johannisbeeren
1 El weiße, kernlose Trauben
2 Tl Chiasamen

Zubereitungszeit: ca. 25 Minuten
Pro Portion ca. 324 kcal/1351 kJ
12 g E, 11 g F, 41 g KH

Das Obst waschen. Die Pfirsiche vom Kern befreien und die Johannisbeeren von den Rispen streifen. Alles mit dem Joghurt in einem Mixer zu einer dickflüssigen Masse pürieren. Auf zwei Schalen verteilen.

Für das Topping das Obst waschen. Den Pfirsich halbieren, vom Kern befreien und in dünne Spalten schneiden. Die Johannisbeeren von den Rispen streifen und die Trauben halbieren. Die Pfirsichspalten fächerartig auf der einen Hälfte des Smoothies verteilen. Daneben zuerst die Chiasamen, dann die Johannisbeeren und zuletzt die Traubenhälften längs in einer Reihe legen. Sofort servieren.

Rote-Bete-Kokos-Smoothie-Bowl

Für 2 Portionen
2 Rote Beten
2 Bananen
1 Orange
300 ml Kokosmilch

Für das Topping
1 Banane
50 g Himbeeren (auch TK)
2 El Mohn
4 El Kokos-Chips

Zubereitungszeit: ca. 15 Minuten
Pro Portion ca. 362 kcal/1513 kJ
8 g E, 7 g F, 63 g KH

Die Roten Beten waschen, die Enden abschneiden und grob zerkleinern (die Schale bleibt dran). Die Bananen und die Orange schälen und ebenfalls zerkleinern. Alles mit der Kokosmilch in einen Mixer geben und zu einer dickflüssigen Masse pürieren. Auf zwei Schalen aufteilen.

Für das Topping die Banane schälen und in dünne Scheiben schneiden. Die Himbeeren waschen und abtropfen lassen. Die Bananen in einem Ring mittig auf dem Smoothie anordnen. Die Himbeeren in die Mitte setzen. Mit dem Mohn bestreuen und die Kokos-Chips außen herum verteilen. Sofort servieren.

Melone-Papaya-Smoothie-Bowl

Für 2 Portionen
600 g Cantaloupe-Melone
(ca. 1/2 Melone)
250 g Papaya
(nach Belieben mit Kernen)
250 g Griechischer Joghurt

Für das Topping
150 g Melone (ca. 1 Spalte)
2 El Gojibeeren
4 El Hanfsamen

Zubereitungszeit: ca. 20 Minuten
Pro Portion ca. 413 kcal/1735 kJ
11 g E, 21 g F, 45 g KH

Die Melone von den Kernen und der Schale befreien und grob zerkleinern. Die Papaya schälen, grob zerkleinern und mit den Kernen in einen Mixer geben. Die Melone und den Griechischen Joghurt zufügen und alles zu einer dickflüssigen Masse pürieren. Auf zwei Schalen aufteilen.

Für das Topping die Melone schälen, entkernen und in dünne Scheiben schneiden. Auf dem Smoothie mittig fächerartig anordnen. Die Goji-beeren rundherum streuen und die Hanfsamen am Rand außen herum verteilen. Sofort servieren.

Swirl-Smoothie-Bowl

Für 2 Portionen
1 Mango
2 Bananen
250 g Joghurt

Für das Topping
60 g Himbeeren
1 El Agavendicksaft
4 El Kokos-Chips

Zubereitungszeit: ca. 25 Minuten
Pro Portion ca. 301 kcal/1256 kJ
8 g E, 9 g F, 44 g KH

Für den Mango-Smoothie die Mango schälen, vom Kern befreien und grob zerkleinern. Die Banane schälen und in Stücke schneiden. Alles in einen Mixer geben, den Joghurt zugeben und zu einer dickflüssigen Masse pürieren. Auf zwei Schalen aufteilen.

Für das Topping die Himbeeren mit dem Agavendicksaft im Mixer pürieren. Anschließend durch ein feines Sieb streichen, um die Kerne zu entfernen. Das Himbeerpüree mit einem Teelöffel in Punkten auf den Mango-Smoothie träufeln. Mit einem Holzstäbchen die Punkte für den „Swirl-Effekt" leicht durchstreichen. Die Kokos-Chips außen rundherum verteilen und sofort servieren.

Cheesecake-Smoothie-Bowl

Für 2 Portionen
300 g Himbeeren (TK)
250 g Frischkäse
100 ml Milch
1–2 El Agavendicksaft,
nach Belieben

Für das Topping
50 g Himbeeren
8 Vollkorn-Butterkekse
40 g Zartbitterschokolade

Zubereitungszeit: ca. 15 Minuten
Pro Portion ca. 905 kcal/3785 kJ
26 g E, 61 g F, 60 g KH

Die Himbeeren mit dem Frischkäse und der Milch in einem Mixer zu einer dickflüssigen Masse pürieren. Auf zwei Schalen aufteilen.

Für das Topping die Himbeeren waschen, trocken tupfen und am Rand rundherum zu einem Ring anordnen. Die Butterkekse grob zerbröseln und in der Mitte verteilen. Die Schokolade grob hacken und über die Butterkekse streuen. Sofort servieren.

Erdbeer-Quinoa-Smoothie-Bowl

Für 2 Portionen
300 g Erdbeeren (TK)
1 Banane
3 El Quinoaflocken
250 g Magerquark
2 El Agavendicksaft

Für das Topping
100 g Erdbeeren
2 El Pistazien
2 El Quinoa-Pops

Zubereitungszeit: ca. 20 Minuten
Pro Portion ca. 352 kcal/1473 kJ
23 g E, 7 g F, 44 g KH

Die Erdbeeren mit den Quinoaflocken, dem Magerquark und dem Agavendicksaft in einen Mixer geben und zu einer dickflüssigen Masse pürieren. Auf zwei Schalen verteilen.

Für das Topping die Erdbeeren vorsichtig waschen, trocken tupfen und vom Stielansatz befreien. Die Hälfte der Erdbeeren halbieren. Die Pistazien grob hacken. Ganze und halbe Erdbeeren auf der einen Hälfte des Smoothies verteilen. Die andere Hälfte mit den Pistazien und den Quinoa-Pops bestreuen. Sofort servieren.

Passionsfrucht-Mango-Smoothie-Bowl

Für 2 Portionen
2 Mangos
2 Passionsfrüchte
200 ml Hafermilch

Für das Topping
1 Passionsfrucht
4 El Pecannüsse
1/2 Mango
2 El Hanfsamen

Zubereitungszeit: ca. 20 Minuten
Pro Portion ca. 369 kcal/1541 kJ
7 g E, 21 g F, 35 g KH

Die Mangos schälen, vom Kern befreien und grob zerkleinern. Die Passionsfrüchte halbieren und das Fruchtfleisch herauslösen. Alles mit der Hafermilch in einen Mixer geben und zu einer dickflüssigen Masse pürieren. Auf zwei Schalen verteilen.

Für das Topping die Passionsfrucht waschen, trocken tupfen und halbieren. Die Pecannüsse grob hacken. Die Mango schälen und quer in dünne Scheiben schneiden. Die Mangoscheiben am äußeren Rand in einem Kreis auf dem Smoothie anordnen und mit den Hanfsamen bestreuen. Die Passionsfrüchte jeweils in die Mitte setzen und rundherum die Pecannüsse streuen. Sofort servieren.

Goji-Ananas-Smoothie-Bowl

Für 2 Portionen
40 g Gojibeeren
1/2 Ananas
250 g Seidentofu

Für das Topping
1/4 Ananas
2 El Gojibeeren
4 El Hanfsamen

Zubereitungszeit: ca. 20 Minuten
(plus Zeit zum Einweichen)
Pro Portion ca. 294 kcal/1231 kJ
12 g E, 12 g F, 31 g KH

Die Gojibeeren in eine Schüssel geben und mit Wasser bedeckt über Nacht im Kühlschrank einweichen.

Die Ananas schälen und grob zerkleinern (mit Strunk). Die Gojibeeren abgießen und mit der Ananas und dem Seidentofu in einen Mixer geben. Alles zu einer dickflüssigen Masse pürieren und auf zwei Schalen verteilen.

Für das Topping die Ananas schälen und in dünne Scheiben schneiden. Mittig in einem Ring auf dem Smoothie anordnen. Die Gojibeeren rundherum verteilen und alles mit den Hanfsamen bestreuen. Sofort servieren.

Moringa-Mango-Smoothie-Bowl

Für 2 Portionen
2 Mangos
2 Orangen
2 kleine Zweige Minze
200 ml Kokosmilch
2 Tl Moringa-Blattpulver

Für das Topping
2 El Blütenpollen
2 El Cashewkerne

Zubereitungszeit: ca. 25 Minuten
Pro Portion ca. 234 kcal/979 kJ
9 g E, 6 g F, 33 g KH

Die Mangos schälen, halbieren und vom Kern befreien. Eine Hälfte quer in dünne Scheiben schneiden und für das Topping beiseitestellen. Die restlichen Mangos klein schneiden. Die Orangen schälen und grob zerkleinern. Die Minze waschen und abtropfen lassen. Von einem Zweig die Blättchen abzupfen und für das Topping beiseitestellen. Mango, Orangen und Minze mit der Kokosmilch und dem Moringa in einen Mixer geben und dickflüssig pürieren. Auf zwei Schalen verteilen.

Für das Topping die Cashewkerne grob hacken. Die Mangoscheiben mittig längs auf dem Smoothie anordnen. Die Mango mit den Blütenpollen bestreuen. Die Cashewkerne auf beiden Seiten verteilen und mit der Minze belegen. Sofort servieren.

Apfel-Maronen-Smoothie-Bowl

Für 2 Portionen
3 Äpfel
120 g Maronen
200 ml Kefir
2 El Honig, nach Belieben

Für das Topping
1/2 Apfel
50 g Blaubeeren
4 El Granola
(siehe Rezept Seite 22)
etwas Zimt

Zubereitungszeit: ca. 15 Minuten
Pro Portion ca. 453 kcal/1895 kJ
9 g E, 11 g F, 76 g KH

Die Äpfel schälen und grob zerkleinern. Mit den Maronen und dem Kefir in einen Mixer geben und zu einer dickflüssigen Masse pürieren. Nach Belieben mit Honig süßen und nochmals mixen. Auf zwei Schalen aufteilen.

Für das Topping den Apfel waschen, das Kerngehäuse entfernen und in dünne Spalten schneiden. Die Blaubeeren waschen und trocken tupfen. Die Apfelspalten fächerartig auf der Mitte des Smoothies verteilen. Die Blaubeeren darüberstreuen. Das Granola am Rand rundherum verteilen. Mit etwas Zimt bestäuben und sofort servieren.

Bowls

mit Nüssen und Samen

Blaubeer-Hirse-Smoothie-Bowl

Für 2 Portionen
2 Pfirsiche
300 g Blaubeeren (TK)
4 El Hirseflocken
100 ml Mandelmilch

Für das Topping
1 Pfirsich
2 El Pinienkerne
2 gehäufte El Amaranth-Pops

Zubereitungszeit: ca. 20 Minuten
Pro Portion ca. 210 kcal/877 kJ
5 g E, 5 g F, 34 g KH

Die Pfirsiche waschen, entsteinen und grob zerkleinern. Mit den Blaubeeren, den Hirseflocken und der Mandelmilch in einen Mixer geben und zu einer dickflüssigen Masse pürieren. Auf zwei Schalen verteilen.

Für das Topping den Pfirsich waschen, entsteinen und in dünne Spalten schneiden. Die Pfirsichspalten fächerartig mittig auf dem Smoothie verteilen. Die Pinienkerne in die Mitte geben und die Amaranth-Pops am Rand rundherum streuen. Sofort servieren.

Feigen-Honig-Smoothie-Bowl

Für 2 Portionen

4 Feigen

400 g Pflaumen
oder Zwetschgen

2 El Honig

4 El Haferflocken

Für das Topping

1 Feige

2 Pflaumen

2 El Mandeln

2 Tl Honig

Zubereitungszeit: ca. 20 Minuten
Pro Portion ca. 333 kcal/1398 kJ
7 g E, 7 g F, 59 g KH

Die Feigen und die Pflaumen waschen. Die Pflaumen entsteinen und alles grob zerkleinern. Mit dem Honig und den Haferflocken in einen Mixer geben und alles zu einer dickflüssigen Masse pürieren. Auf zwei Schalen verteilen.

Die Feige und die Pflaumen waschen. Die Feige in dünne Scheiben schneiden. Die Pflaumen entsteinen und in dünne Spalten schneiden. Die Mandeln grob hacken. Die Feigenscheiben mittig überlappend auf dem Smoothie verteilen. Die Pflaumenspalten links und rechts anordnen. Die Mandeln jeweils oben und unten verteilen. Mit dem Honig beträufeln und sofort servieren.

Aronia-Hagebutten-Smoothie-Bowl

Für 2 Portionen
4 El getrocknete Aroniabeeren
100 g Hagebutten
2 El Kokosmus
300 g gemischte Beeren (TK)

Für das Topping
50 g Blaubeeren
2 El Maulbeeren
4 El Kokos-Chips

Zubereitungszeit: ca. 45 Minuten
(plus Zeit zum Einweichen)
Pro Portion ca. 174 kcal/732 kJ
4 g E, 7 g F, 20 g KH

Die Aroniabeeren in eine Schüssel geben und mit reichlich Wasser bedeckt im Kühlschrank über Nacht einweichen. Die Beeren abgießen, das Einweichwasser dabei auffangen und 200 ml beiseitestellen.

Die Hagebutten waschen, halbieren, die Samen und Härchen entfernen. Das Kokosmus gegebenenfalls im Wasserbad erwärmen. Aroniabeeren, Hagebutten, gemischte Beeren und das Einweichwasser in einen Mixer geben und zu einer dickflüssigen Masse pürieren. Erst jetzt das Kokosmus zufügen und nochmals pürieren. Auf zwei Schalen aufteilen.

Für das Topping die Blaubeeren waschen und trocken tupfen. Abwechselnd mit den Maulbeeren in einem Ring auf dem Smoothie anordnen. Die Kokos-Chips außen rundherum verteilen. Sofort servieren.

Sportler-Smoothie-Bowl

Für 2 Portionen
4 Datteln
100 g Haselnüsse
2 Bananen
1 Birne
1/2 Tl Zimt

Für das Topping
60 g Himbeeren (auch TK)
2 Tl Chiasamen
4 El Vollkornreis-Pops

Zubereitungszeit: ca. 15 Minuten
(plus Zeit zum Einweichen)
Pro Portion ca. 570 kcal/2383 kJ
12 g E, 33 g F, 56 g KH

Die Datteln und die Haselnüsse in eine Schüssel geben, mit Wasser bedecken und im Kühlschrank über Nacht einweichen. Am nächsten Tag die Nüsse und die Datteln abgießen, das Einweichwasser dabei auffangen. 200 ml Einweichwasser beiseitestellen.

Die Bananen schälen, die Birne waschen und alles grob zerkleinern. Mit den Haselnüssen, den Datteln und dem Zimt in einen Mixer geben. Das aufgefangene Einweichwasser zugeben und zu einer dickflüssigen Masse pürieren. Auf zwei Schalen verteilen.

Für das Topping die Himbeeren auf die eine Hälfte des Smoothies setzen. Daneben längs die Chiasamen verteilen und die Vollkornreis-Pops auf die andere Hälfte streuen. Sofort servieren.

Overnight-Oats-Smoothie-Bowl

Für 2 Portionen
4 getrocknete Feigen
100 g feine Haferflocken
300 ml Mandelmilch
2 mittlere Birnen
4 Tl Mandelmus
1/2 Tl Zimt

Für das Topping
1 Birne
1/2 Granatapfel
2 El Kakao-Nibs

Zubereitungszeit: ca. 20 Minuten
(plus Zeit zum Einweichen)
Pro Portion ca. 436 kcal/1828 kJ
13 g E, 14 g F, 66 g KH

Die Feigen klein schneiden und mit den Haferflocken in eine Schüssel geben. Mit der Mandelmilch verrühren und im Kühlschrank über Nacht quellen lassen.

Die Birnen waschen und grob zerkleinern. Mit den gequollenen Haferflocken, dem Mandelmus und dem Zimt in einen Mixer geben und zu einer dickflüssigen Masse pürieren. Auf zwei Schalen verteilen.

Für das Topping die Birne waschen, vom Kerngehäuse befreien und in dünne Spalten schneiden. Die Granatapfelkerne herauslösen. Die Birnenspalten links und rechts wie Schmetterlingsflügel gefächert mittig auf dem Smoothie verteilen. Die Granatapfelkerne mittig längs verteilen. Die Kakao-Nibs jeweils an die Seiten streuen. Sofort servieren.

Brombeer-Cashew-Smoothie-Bowl

Für 2 Portionen
400 g Brombeeren
1 Apfel
2 Tl Cashewmus

Für das Topping
100 g Brombeeren
50 g Cashewkerne
2 El Chiasamen
2 Tl Cashewmus, nach Belieben

Zubereitungszeit: ca. 20 Minuten
Pro Portion ca. 354 kcal/1520 kJ
12 g E, 21 g F, 32 g KH

Die Brombeeren waschen und abtropfen lassen. Den Apfel waschen und grob zerkleinern. Alles mit dem Cashewmus in einen Mixer geben und zu einer dickflüssigen Masse pürieren. Auf zwei Schalen verteilen.

Für das Topping die Brombeeren waschen, trocken tupfen und in der Mitte in einem Ring auf dem Smoothie verteilen (wie eine Blume). Rundherum die ganzen Cashewkerne in einem Ring verteilen und außen herum die Chiasamen streuen. Nach Belieben mit Cashewmus beträufeln. Sofort servieren.

Chiapudding-Smoothie-Bowl

Für 2 Portionen
Für den Chiapudding
300 ml Mandelmilch
4 gehäufte El Chiasamen

Für den Erdbeersmoothie
1 Orange
200 g Erdbeeren (TK)
200 ml Mandelmilch

Für das Topping
60 g Erdbeeren
2 El Pinienkerne

Zubereitungszeit: ca. 15 Minuten
(plus Zeit zum Quellen)
Pro Portion ca. 168 kcal/705 kJ
6 g E, 9 g F, 14 g KH

Für den Chiapudding in zwei hohen Gläsern jeweils 2 gehäufte Esslöffel Chiasamen mit je 150 ml Mandelmilch verrühren und im Kühlschrank über Nacht quellen lassen. Nach 15 und 30 Minuten gut durchrühren, damit sich keine Klümpchen bilden.

Für den Erdbeersmoothie die Orange schälen und grob zerkleinern. Mit den Erdbeeren und der Mandelmilch in einem Mixer dickflüssig pürieren. Auf dem Chiapudding verteilen.

Für das Topping die Erdbeeren waschen, vom Stielansatz befreien und halbieren. Die Erdbeerhälften auf dem Smoothie verteilen und mit den Pinienkernen bestreuen. Sofort servieren.

Granatapfel-Melone-Smoothie-Bowl

Für 2 Portionen
4 Granatäpfel
400 g Galia-Melone
1 Banane
2 El Quinoaflocken
2 Tl Macapulver

Für das Topping
2 El Mandeln
4 El Hanfsamen

Zubereitungszeit: ca. 25 Minuten
Pro Portion ca. 441 kcal/1853 kJ
11 g E, 15 g F, 65 g KH

Die Granatäpfel vierteln und die Kerne herauslösen. Die Kerne von einem halben Granatapfel für das Topping beiseitestellen. Die Melone schälen, von den Kernen befreien und grob zerkleinern. Die Banane schälen und klein schneiden. Alles in einen Mixer geben, die Quinoaflocken und das Macapulver zufügen und zu einer dickflüssigen Masse pürieren. Auf zwei Schalen aufteilen.

Für das Topping die Mandeln grob hacken. Die Granatapfelkerne mittig auf dem Smoothie verteilen, die Mandeln rundherum verteilen und die Hanfsamen am Rand rundherum verstreuen und sofort servieren.

Schokoladen-Smoothie-Bowl

Für 2 Portionen
100 g Haselnüsse
2 Bananen
2 El Kakaopulver
2 El Agavendicksaft
2 Tl Erdnussmus
1/2 Tl Kardamom

Für das Topping
1 Banane
2 El Kakao-Nibs
2 gehäufte El Kokos-Chips

Zubereitungszeit: ca. 20 Minuten
(plus Zeit zum Einweichen)
Pro Portion ca. 561 kcal/2344 kJ
14 g E, 39 g F, 39 g KH

Die Haselnüsse in eine Schüssel geben und mit Wasser bedeckt über Nacht im Kühlschrank einweichen. Am nächsten Tag die Haselnüsse abgießen, das Einweichwasser dabei auffangen und 160 ml beiseitestellen.

Die Bananen schälen und grob zerkleinern. Mit den Haselnüssen, dem Kakaopulver, dem Agavendicksaft, dem Erdnussmus und dem Kardamom in einen Mixer geben. Das Einweichwasser zufügen und zu einer dickflüssigen Masse pürieren. Auf zwei Schalen verteilen.

Die Banane schälen und in dünne Ringe schneiden. Auf dem Smoothie mittig in einem Ring anordnen. Die Kakao-Nibs über die Bananen streuen. Die Kokos-Chips außen rundherum verteilen und sofort servieren.

Acerola-Pflaume-Smoothie-Bowl

Für 2 Portionen
200 g Zwetschgen oder Pflaumen
1 Apfel
200 g Acerola-Fruchtpüree (TK)
2 El Kokosmus
1–2 El Honig, nach Belieben

Für das Topping
4 Zwetschgen oder Pflaumen
2 El Mandeln
2 El Blütenpollen

Zubereitungszeit: ca. 25 Minuten
Pro Portion ca. 241 kcal/1012 kJ
8 g E, 9 g F, 30 g KH

Die Pflaumen und den Apfel waschen. Die Pflaumen entkernen und alles grob zerkleinern. Die Acerola-Päckchen kurz unter warmes Wasser halten, das Püree aus der Verpackung nehmen und mit den Pflaumen und dem Apfel in einen Mixer geben. Alles zu einer dickflüssigen Masse pürieren. Das Kokosmus gegebenenfalls im Wasserbad kurz erwärmen und zur Masse geben. Nach Belieben mit Honig süßen und nochmals mixen. Auf zwei Schalen verteilen.

Für das Topping die Pflaumen waschen, entsteinen und in dünne Spalten schneiden. Die Pflaumenspalten in einem Kreis fächerartig auf dem Smoothie verteilen. Die ganzen Mandeln in die Mitte geben und die Blütenpollen über die Pflaumen streuen. Sofort servieren.

Grapefruit-Physalis-Smoothie-Bowl

Für 2 Portionen
2 Grapefruits
3 Bananen
150 g Physalis
4 El Haferflocken

Für das Topping
1 Grapefruit
2 Physalis
4 El Pistazien
2 Tl Chiasamen

Zubereitungszeit: ca. 20 Minuten
Pro Portion ca. 507 kcal/2120 kJ
12 g E, 14 g F, 76 g KH

Die Grapefruits und die Bananen schälen und grob zerkleinern. Die Physalis aus der Hülle lösen. Alles in einen Mixer geben, die Haferflocken zufügen und zu einer dickflüssigen Masse pürieren. Auf zwei Schalen verteilen.

Für das Topping die Grapefruit schälen und filetieren. Die Grapefruitfilets mittig fächerartig zu einem Kreis auf dem Smoothie anordnen. Die Hüllen der Physalis öffnen und mittig auf die Grapefruit setzen. Die Pistazien grob hacken und außen rundherum verteilen. Die Chiasamen über die Grapefruit streuen und sofort servieren.

Bratapfel-Smoothie-Bowl

Für 2 Portionen
100 g Mandeln
60 g Rosinen
2 Äpfel
1/2 Tl Zimt

Für das Topping
1/2 Apfel
je 1 Msp. Zimt
4 El selbst gemachtes Granola
(siehe Seite 22)

Zubereitungszeit: 20 Minuten
(plus Zeit zum Einweichen)
Pro Portion ca. 555 kcal/2322 kJ
15 g E, 31 g F, 52 g KH

Die Mandeln und die Rosinen in eine Schüssel geben, mit Wasser bedecken und im Kühlschrank über Nacht einweichen. Am nächsten Tag die Mandeln und die Rosinen abgießen, das Einweichwasser dabei auffangen. 200 ml Einweichwasser beiseitestellen.

Die Äpfel waschen und grob zerkleinern. Mit den Mandeln, den Rosinen und dem Zimt in einen Mixer geben. Das Einweichwasser zugeben und alles zu einer dickflüssigen Masse pürieren. Auf zwei Schalen verteilen.

Den Apfel waschen und mit einem Kerngehäuseausstecher das Kerngehäuse entfernen. Den Apfel in dünne Ringe schneiden. Die Apfelringe überlappend auf dem Smoothie verteilen und mit Zimt bestreuen. Das Granola jeweils auf den Seiten verteilen und sofort servieren.

Birnen-Moringa-Smoothie-Bowl

Für 2 Portionen
4 mittlere Birnen
2 mittlere Äpfel
2 Tl Moringa-Blattpulver
2 Tl Cashewmus
Saft von 1/2 Zitrone

Für das Topping
1 mittlere Birne
2 Tl Gojibeeren
2 Tl Chiasamen
4 El Amaranth-Pops

Zubereitungszeit: ca. 20 Minuten
Pro Portion ca. 314 kcal/1315 kJ
5 g E, 5 g F, 63 g KH

Die Birnen und die Äpfel waschen und grob zerkleinern. Mit dem Moringa-Blattpulver, dem Cashewmus und dem Zitronensaft in einen Mixer geben und alles zu einer dickflüssigen Masse pürieren. Auf zwei Schalen aufteilen.

Für das Topping die Birne waschen, halbieren und vom Kerngehäuse befreien. Die Hälften in dünne Spalten schneiden. Die Spalten mittig auf den Smoothie legen, sodass alle in die gleiche Richtung zeigen. Die Gojibeeren darüberstreuen. Die Chiasamen am oberen Rand und die Amaranth-Pops am unteren Rand verteilen. Sofort servieren.

Aronia-Ananas-Smoothie-Bowl

Für 2 Portionen
Für den Aronia-Chiapudding
4 El Chiasamen
4 El getrocknete Aroniabeeren

Für den Smoothie
2 Bananen
1 Ananas

Für das Topping
1/4 Ananas
2 El getrocknete Aroniabeeren
4 El Kokos-Chips

Zubereitungszeit: ca. 20 Minuten
(plus Zeit zum Quellen)
Pro Portion ca. 368 kcal/1538 kJ
7 g E, 8 g F, 64 g KH

Für den Chiapudding in einer Schüssel die Chiasamen und die Aronia-beeren mit 300 ml Wasser verrühren und im Kühlschrank über Nacht quellen lassen. Nach 15 und 30 Minuten gut durchrühren, damit sich keine Klümpchen bilden.

Die Bananen schälen und klein schneiden. Von der Ananas die Enden abschneiden, schälen und grob zerkleinern (mit Strunk). Den Aronia-Chiapudding mit Banane und Ananas in einen Mixer geben und zu einer dickflüssigen Masse pürieren. Auf zwei Schalen verteilen.

Für das Topping die Ananas schälen, vom Strunk befreien und in dünne Scheiben schneiden. Die Ananas längs überlappend auf dem Smoothie anordnen und mit den Aroniabeeren bestreuen. Die Kokos-Chips jeweils an den Seiten verteilen und sofort servieren.

Papaya-Goji-Smoothie-Bowl

Für 2 Portionen

40 g Gojibeeren
2 El geschrotete Leinsamen
500 g Papaya
(nach Belieben mit Kernen)
1 Orange
2 Tl Hanfproteinpulver,
nach Belieben

Für das Topping

1/4 Papaya
4 El Cashewkerne
2 El Gojibeeren

Zubereitungszeit: ca. 20 Minuten
(plus Zeit zum Einweichen)
Pro Portion ca. 311 kcal/1304 kJ
10 g E, 13 g F, 37 g KH

Die Gojibeeren und die Leinsamen in eine Schüssel geben und mit reichlich Wasser bedeckt im Kühlschrank über Nacht einweichen. Alles abgießen und 100 ml Einweichwasser dabei auffangen und beiseitestellen.

Die Papaya schälen, halbieren, grob zerkleinern und mit den Kernen in einen Mixer geben. Die Orange schälen, ebenfalls grob zerkleinern und mit den Gojibeeren, den Leinsamen und dem Einweichwasser dazugeben. Alles zu einer dickflüssigen Masse pürieren. Nach Belieben das Hanfproteinpulver zugeben und nochmals mixen. Auf zwei Schalen verteilen.

Für das Topping die Papaya schälen, von den Kernen befreien und quer in dünne Scheiben schneiden. Die Cashewkerne grob hacken. Die Papayascheiben mittig zu einem Ring auf dem Smoothie anordnen. Die Gojibeeren darüberstreuen und die Cashewkerne außen rundherum verteilen. Sofort servieren.

Mango-Kurkuma-Smoothie-Bowl

Für 2 Portionen
4 gehäufte El Chiasamen
400 ml Kokoswasser
1 Mango
1–2 cm frische Kurkuma; alternativ
1 Tl Kurkumapulver
1–2 cm frischer Ingwer

Für das Topping
1/4 Mango
2 El Hanfsamen
1 kleine Handvoll essbare Blüten
(wie z. B. Kapuzinerkresse,
Gänseblümchen, Ringelblume,
Cosmea, Kornblume, Veilchen,
Stiefmütterchen); alternativ
getrocknete Blüten und
Blütenblätter

Zubereitungszeit: ca. 20 Minuten
(plus Zeit zum Quellen)
Pro Portion ca. 312 kcal/1307 kJ
9 g E, 17 g F, 30 g KH

Die Chiasamen in eine Schüssel geben und mit 300 ml Kokoswasser aufgießen. Über Nacht im Kühlschrank quellen lassen, dabei nach 15 und 30 Minuten kurz durchrühren, damit sich keine Klümpchen bilden.

Die Mango schälen, vom Kern befreien und grob zerkleinern. Ingwer und Kurkuma schälen und mit dem Chiapudding und dem restlichen Kokoswasser in einen Mixer geben und zu einer dickflüssigen Masse pürieren. Auf zwei Schalen aufteilen.

Für das Topping die Mango schälen und quer in dünne Scheiben schneiden. Die Scheiben überlappend mittig auf dem Smoothie anordnen. Mit den Hanfsamen bestreuen. Die Blüten rundherum verteilen und sofort servieren.

Rote-Bete-Mandel-Smoothie-Bowl

Für 2 Portionen
2 Rote Beten
300 g Himbeeren (TK)
300 ml Mandelmilch
2 El Mandelmus

Für das Topping
60 g Himbeeren
4 El selbst gemachtes Granola
(siehe Seite 22)
2 Tl Mandelmus

Zubereitungszeit: ca. 20 Minuten
Pro Portion ca. 255 kcal/1065 kJ
8 g E, 16 g F, 18 g KH

Die Roten Beten waschen, die Enden abschneiden und grob zerkleinern. Mit den Himbeeren und der Mandelmilch in einen Mixer geben und zu einer dickflüssigen Masse pürieren. Jetzt erst das Mandelmus zugeben (sonst friert es fest) und nochmals mixen. Auf zwei Schalen aufteilen.

Für das Topping die Himbeeren waschen und abtropfen lassen. In einer Spirale von der Mitte ausgehend auf dem Smoothie anordnen. Das Granola außen herum verteilen und mit dem Mandelmus beträufeln. Sofort servieren.

Hinweis

Die Backofentemperaturen beziehen sich auf den Elektroherd mit Ober- und Unterhitze. Falls Sie mit Umluft arbeiten, reduzieren Sie die Temperatur um 20 °C.

Bildnachweis

Fotolia.com: S. 8, 12, 17 rechts, 18 © margo555; S. 11 © kaleff; S. 15 © grounder; S. 16 © Dionisvera; S. 17 links © NataliTerr.
TLC Fotostudio: Rezeptfotos

Illustrationen: © Ekaterina Kondrateva (S. 7, 21, 55, 91); © dehweh – fotolia.com (Stempel)